ADRESSE

A L'ASSEMBLÉE NATIONALE,

POUR LA DAME PINEL,

MAITRESSE SAGE-FEMME.

————————

1791

ADRESSE

A MESSIEURS DU COMITÉ DE SALUBRITÉ

A L'ASSEMBLÉE NATIONALE.

POUR LA DAME PINEL,

MAITRESSE SAGE-FEMME.

Messieurs,

Toute l'Europe, en admirant les précieux effets de votre sagesse, se feroit un bonheur sans doute de rendre hommage à votre zèle en le secondant de tout son pouvoir contre les abus destructeurs qui se sont introduits dans la société ; et lorsque le renversement du plus cruel despotisme laisse encore des entraves à l'efficacité de vos sublimes opérations, n'est-il pas du devoir du citoyen, dans quelque classe qu'il se trouve, de vous découvrir toutes les routes où les restes de ce monstre répand encore ses abus? Oui, sans doute, MESSIEURS, car malgré le respect et la confiance que l'on doit à votre sagacité, les limites que la nature a données au pouvoir de l'homme, en surbordonnent les effets; et l'étendue de la perfection est si immense, qu'elle n'appartient qu'à la Divinité. Le plus impitoyable des tyrans qui, pendant tant de siècles, a étendu sa puissance depuis le trône des potentats jusqu'à la plus simple cabane, trompe encore votre prévoyance; et donnant à chaque état des chaînes individuelles, ne cesse de frapper d'une oppression générale toutes les facultés humaines.

C'est d'après ces considérations, MESSIEURS, que je prends la liberté de vous supplier de prêter une oreille attentive aux justes représentations que la nature et mes droits me prescrivent de vous faire aujourd'hui; je suis femme: pourquoi ce titre qui ne doit point cesser d'honorer l'humanité, frappe-t-il souvent d'anathème tout ce qui peut émaner d'une intelligence supérieure à celle que l'on accorde d'ordinaire à ce sexe; intelligence d'autant plus recommandable, qu'elle conserve souvent toute la pureté du naturel, et qui ne pourroit que concourir efficacement

à la vaste étendue de toutes les qualités morales de l'homme.

Tel est cependant, MESSIEURS , le délire ,
l'orgueil et la cupidité qui entraînent une
partie de ceux d'aujourd'hui ; il est des êtres
à qui l'ignorance et l'incapacité n'ont laissé
acquérir qu'un demi-savoir qui les élève à
peine au-dessus de la nullité ; et qui, trop
foibles pour chercher à améliorer leurs sté-
riles dispositions , ont encore la lâcheté de
se venger de leur ineptie , aux dépens même
du talent, sur-tout lorsqu'il se rencontre chez
un sexe que la seule délicatesse porteroit plus
à s'honorer de ses connoissances pour l'in-
térêt général , que pour le sien particulier.
C'est ce motif sacré , MESSIEURS , qui me
conduit ; je m'élève , quoique foible , et
j'aurai le courage de combattre contre tous
les Anthée que l'on pourroit m'opposer dans
ce qui peut concerner l'art que je professe.

En 1761 , je fus maîtresse sage-femme de
Paris ; décorée de ce titre , j'employai tous
mes efforts à mériter la gloire qu'il pouvoit
me procurer ; mes soins, mon aptitude, mon
courage, ma persévérance, ma fortune même,
tout fut employé pour me faire acquérir les
connoissances précieuses qui le rendent recommandable ; et au milieu de cette car-

rière épineuse que j'avois entreprise , les
meilleurs praticiens , la plus habile théorie
puisée dans les ouvrages précieux de messieurs
Morissaux, Jacques Menard , Devinter, etc...
devinrent mes premiers modèles ; mais mes
deux plus grands maîtres , furent la nature
et l'expérience ; je suivis l'une pas à pas dans
les effets ordinaires qu'elle me présentoit, et
je consultois attentivement l'autre quand
quelque inconvénient s'opposoit au simple
cours d'une opération ordinaire ; ici , le dérangement dans l'organisation physique , la
plénitude du sang, la qualité, celle des humeurs ; là les affections morales , leurs in-
fluences , tout intéressoit mon travail pour
connoître et perfectionner mon art , et éviter
les dangers de l'ignorance. Une pratique heu-
reuse devint bientôt le résultat de mes com-
binaisons , et la plus brillante réputation fut
moins la récompense de mes travaux , que
la gloire d'être véritablement utile à l'humanité ; telle fut ma situation jusqu'à ce qu'ayant
épousé un maître en chirurgie de la ville de
Chaumont dans le Vexin Français , je quittai
mon établissement à Paris pour suivre mon
époux dans ladite ville de Chaumont, où je
fus agrégée et jurée au rapport, et où mes
nombreuses occupations me procurèrent

bientôt les mêmes avantages que ceux dont j'avois joui dans la capitale ; mais au bout de quelques années des chagrins domestiques m'ayant forcé de quitter cette ville „ j'en sortis munie des certificats des premiers magistrats , dont les termes exprimoient évidemment le cas qu'on y faisoit de mes talens et des regrets que je laissois après moi. La tournure de mes affaires m'appeloit à Clermont en Auvergne , où je m'établis, et où mes occupations devinrent d'autant plus considérables , qu'il survint une épidémie qui moissonnoit toutes les femmes en couche ; je redoublai de soins , et j'eus le bonheur de rencontrer le moyen , et d'arracher à la mort toutes celles qui me furent confiées ; d'aussi heureux succès augmentèrent tellement ma réputation et mes occupations , que ma santé en fut affectée. Cependant quelques instans de relâche m'ayant procuré le repos dont j'avois besoin, j'employai ces momens à augmenter et perfectionner mes connoissances ; j'ai fait dans mes méditations différentes découvertes ; je suis parvenue à reparer la plus grande partie des vices de conformation avec lesquels naissent quelques enfans , ainsi que d'effacer les taches que l'expérience, plus que le raisonnement, attribue aux envies des meres ;

A 4

mais mes principales et mes plus sérieuses observations se sont fixées sur les accouchemens difficiles et contre nature. J'ai trouvé aussi le moyen de m'éclairer sur les différentes causes et les différentes sortes d'hernies dont le genre humain est affligé , et contre lesquelles j'ai composé des bandages commodes et salutaires ; mais je me suis appliquée surtout à remédier à un des plus funestes accidens qui puisse arriver aux femmes ; c'est le renversement et le dérangement total de la membrane précieuse où le créateur semble avoir déposé le secret impénétrable de la vivification , l'*uterus*, autrement dit la matrice; cet accident qui n'arrive que par la maladresse des accoucheurs , a été d'autant plus funeste jusqu'à ce jour , que personne avant moi n'a pu préserver d'une mort certaine les infortunées victimes de cette impardonnable erreur ; c'est une cure que j'ai faite , et dont je vous demande la permission , Messieurs , de vous esquisser le détail.

Appelée en 1777 pour visiter la femme du nommé Terrere , maître serrurier , demeurant rue du Cheval Blanc , en ladite ville de Clermont en Auvergne , je trouve cette femme dans l'état le plus déplorable: cet état où elle étoit réduite depuis six mois que le sieur

Astier, chirurgieu, l'avoit accouchée, occasionnoit depuis ce temps d'autres accidens inséparables de celui-ci, et qui mettoient la malade à deux doits de sa perte ; abandonnée de tous les médecins et chirurgiens de la ville et des environs, on avoit prononcé sa condamnation, de manière à laisser peu d'espoir à mes méditations ; je demande une consultation, elle me fut accordée, et le sieur Bonet, chirurgien - major de l'Hôtel-Dieu de la ville, ayant été appelé, me dit avoir déjà examiné la malade, et n'avoir osé l'entreprendre ; j'eus plus de courage, l'humanité anima mon zèle pour une mère de famille intéressante, et le ciel secondant mes efforts, à l'appui des adoucissans et des émoliens que j'appliquai sur la partie racornie et desséchée, j'inventai un instrument que je fis construire par le mari de cette femme. Cet instrument me servit à repousser la matrice, à la rétablir et la maintenir dans son état naturel, et d'une manière si favorable, qu'en moins de douze jours, comme je l'ai détaillé dans un mémoire à part, j'en obtins une parfaite guérison. Le sieur Bonet qui visitoit de temps en temps la malade avec moi, me félicita franchement des succès de ce qu'il vouloit bien appeler mes

lumières ; il convint de la beauté et de l'uti-
lité de mon invention , et m'offrit tous les
témoignages que je pourrois exiger de lui
à cet égard ; comblée de gloire et de satis-
faction , je revins à Paris en 1778 , où je crus
faire un présent à l'académie de chirurgie
en lui communiquant le mémoire exact et
détaillé de la cure que j'avois faite, et en lui
faisant hommage de l'heureux instrument
qui m'avoit si merveilleusement secondé pour
une guérison radicale, dont aucuns fastes de la
faculté n'ont jamais fourni d'exemple. Mais
quel fut mon étonnement , MESSIEURS , de
voir l'indifférence dédaigner une aussi utile
invention , et refuser à cette glorieuse découverte l'honneur qu'elle me méritoit, tant
en faveur de l'humanité , que pour l'ému-
lation et l'encouragement des candidats !

J'avois de bonne foi fait appercevoir à ces
messieurs , que l'instrument n'étoit pas dans
son entiere perfection , et que , quoiqu'il eût
procuré dans cet état une parfaite guérison ,
qu'il étoit aisé de présumer qu'en y ajoutant
tels et tels moyens, il mettroit à l'abri de tout
inconvénient , et rendroit l'opération plus
prompte et plus favorable. Cet aveu motiva
le refus que l'on me préparoit ; on me dit

séchement que, puisque je ne présentois qu'une chose qui n'étoit point dans sa perfection, on ne pouvoit la recevoir que je l'y misse, et qu'après on verroit.

Quoique ce ne fût point pour m'aider des lumières de ces messieurs que je me présentois, j'aurois écouté leurs avis avec autant de considération que de reconnoissance ; et mes talens si foibles qu'ils pouvoient être apperçus, loin de leur inspirer un dédain offensant, ne méritoient-ils pas quelques encouragemens ? Mais tant de bontés, sans doute, n'étoient point du ressort de la politique de ces académiciens, car chaque état avoit ci-devant la sienne ; et au mépris des intérêts de la nature, il étoit décidé dans celui - ci de rejeter tous les moyens de rappeler à la vie, lorsqu'ils ne seroient point émanés d'un cerveau couronné du bonnet doctoral qui donne seul la prérogative d'assassiner impunément le genre humain. En effet cette doctrine, souvent aussi peu méritée qu'elle est anticipée, ne démontre-t-elle pas tous les jours, sur-tout dans les campagnes, combien il existe d'ignorans dans une grande partie de ces êtres qui, à l'abri de ce bonnet, forcent les infortunés malades de succomber sous leurs coups, en opposant d'humaines entraves à des amis de la nature qui en ont fait une étude particulière, afin de rencontrer dans le trésor de la chimie et de la botanique des remèdes simples et salutaires, contre des maux mêmes que la faculté a déclarés ou rendus incurables, et qu'ils pourroient encore opposer aux poisons mordans et corrosifs avec lesquels les ignorans ont la manie de débiter inconsidérément les principes de la vie, (le jalap et l'émétique, base principale sur laquelle les chirurgiens des campagnes étayent leurs confiance)?

Ce n'est point en récriminant, Messieurs, que je rappelle d'aussi cruelles vérités, l'ignorance est seule ce que j'attaque, et je n'en rends pas moins hommage au véritable talent qui est si légitimement dû à tous les grands hommes dont ce siècle sur-tout abonde.

Cependant pour rassurer la sagesse qui prévoit d'autres abus qui ne sont pas moins préjudiciables, et qu'entraîne encore la cupidité du charlatanisme, je crus devoir exposer aux yeux des maîtres de l'art et des connoisseurs les témoignages de ma capacité; et sans me rebuter des froideurs d'un corps que je devois intéresser, malgré l'infortune où des pertes considérables m'avoient plongée, je n'épargnai rien pour faire corriger l'instrument qu'ils avoient rebuté, et au bout de quelques temps je le leur présentai.

- Cette fois on l'honora d'un accueil favorable, on porta même la bonté jusqu'à m'accorder des complimens ; ce fut en le recevant qu'on le déposa dans les mains du sieur Piete, accoucheur, afin de l'examiner : on m'ajouta que ledit sieur accoucheur avoit été nommé commissaire pour visiter une dame qui avoit attaqué en justice le sieur Alphonse le Roy qui l'avoit accouchée, et mise, dit - on, dans l'état d'avoir recours à mes moyens, et qu'elle périroit infailliblement si l'on ne parvenoit à lui procurer des secours. Je proposai au sieur Piete de voir cette dame avec lui, et de l'opérer en sa présence : mais il éluda, de maniere que mes instances que je réitérai depuis plusieurs fois, furent absolument infructueuses, et qu'il ne me fut pas même possible de savoir ni le nom, ni la demeure de la malade.

Je me garderai bien d'attribuer aucun motif particulier au refus du sieur Piete ; et plus ses talens lui ont bien mérité du public, plus il doit employer de prudence pour ne pas compromettre une opinion qu'une semblable équivoque ne doit point préjudicier. Je ne m'arrêterai pas davantage sur celui qui l'a déterminé à garder le mémoire qui lui a été remis avec l'instrument, et pourquoi, après de longues démarches et sollicitations de ma part pour avoir ledit instrument, qu'il ne m'a remis que depuis quelques jours, et sans le mémoire qui devroit en être inséparable, j'aime mieux penser que près de deux années entières pendant lesquelles il s'est obstiné à le garder, suffisoient à peine sans doute pour la maturité de ses réflexions dans l'examen qu'il en a fait, ne devant trop décorer son rapport de l'énergie de sa sagacité. En effet, quelle autre raison pouvoit déterminer la conduite du sieur docteur à mon égard ? Est-ce qu'il m'auroit jugée sur mon peu d'éloquence morale ? Je ne suis point une personne de lettres ; je n'ai point blanchi sur les blancs comme la plupart de messieurs les académiciens ; mais dans le genre que je professe, les démonstrations de physique expérimentale que je lui ai faites, ne résoudroient-elles pas bien des problêmes, et ne pourroient-elles pas valoir des discours oratoires ? J'en appelle à votre justice, Messieurs ; et quand d'après les témoignages authentiques de ma capacité, M. Gauthier de Biauzat, votre digne collègue, pour la ville de Clermont où j'ai fait mes preuves, voudra bien vous garantir de leurs vérités, j'ose espérer que vous daignerez prendre en considération une assertion qui est consignée dans les annales de la nature depuis son origine.

C'est que les facultés morales que le créateur a rendues incontestablements communes entre les deux sexes, sont inséparables du nôtre par la susceptibilité qui nous porte à nous occuper de tous les objets qui peuvent l'intéresser, sur-tout dans l'art que je professe, et qui nous étant aussi essentiellement personnel, ne devroit être que de notre ressort.

Je demande donc, MESSIEURS, d'exercer librement et publiquement mes talens, et pour preuve de mon désintéressement, et de mon amour pour mes concitoyens, j'offre en don patriotique les avantages de mes découvertes en faveur des pauvres qui seront attaqués de dartres vives et d'humeurs froides ; je tiens cette découverte relative aux humeurs froides de mon premier mari, qui étoit chirurgien-major d'armée au quartier-général dans les guerres d'Hanovre, et plusieurs scrophuleux ont été guéris sous les yeux de M. Tenont, professeur royal, qui a dressé les procès-verbaux de l'état des malades, devant, pendant, et après les traitemens desquels je puis présenter les malades; et pour opposer aux entraves de la persécution, et me mettre à l'abri de tout soupçon de licence et d'innovation, j'ose vous supplier, MESSIEURS, de seconder mon zèle, et de m'accorder la grace de votre protection.

www.ingramcontent.com/pod-product-compliance
Lightning Source LLC
LaVergne TN
LVHW050254030726
842520LV00006B/2375